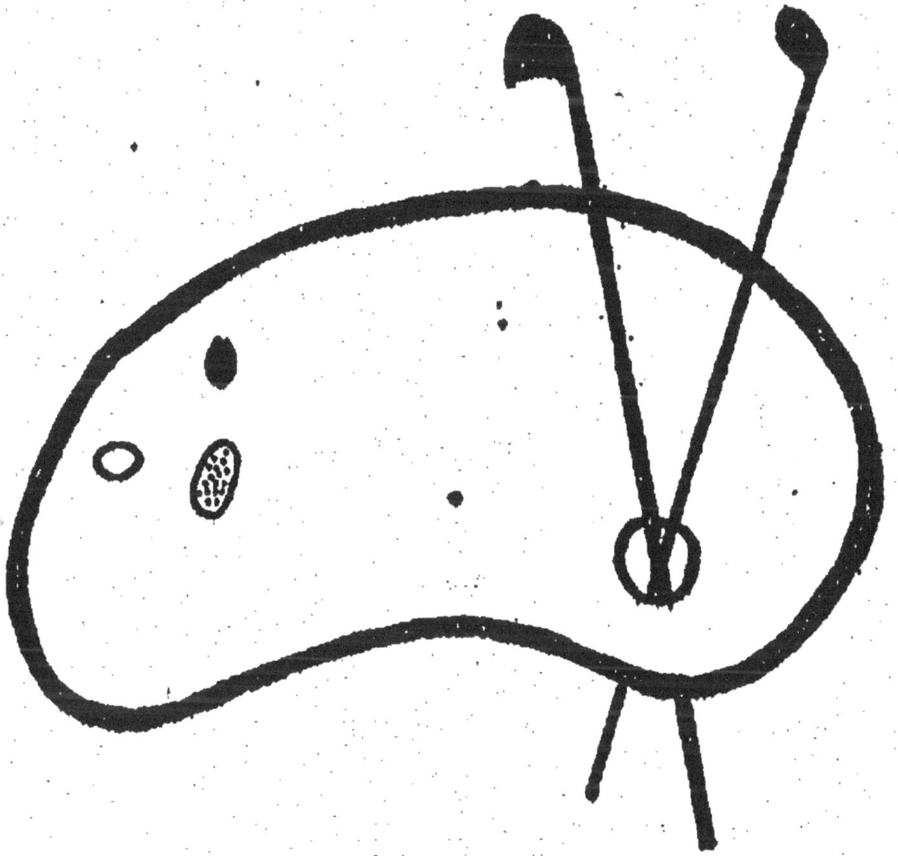

COUVERTURE SUPERIEURE ET INFERIEURE
EN COULEUR

Le Comité Impérial
des Travaux historiques
et des Sociétés savantes.

De la part de
l'auteur
un de Ses Correspond[ants]

Ch. Brosselard

LES KHOUAN

Tlemcen, 12 Septembre
1859.

LES KHOUAN

DE LA CONSTITUTION DES ORDRES RELIGIEUX MUSULMANS

EN ALGÉRIE

PAR

M. Charles BROSSELARD

Sous-Préfet de Tlemcen.

ALGER

IMPRIMERIE DE A. BOURGET, RUE SAINTE, 2.

Août 1859.

LES KHOUAN.

DE LA CONSTITUTION DES ORDRES RELIGIEUX MUSULMANS EN ALGÉRIE.

L'importance des ordres religieux musulmans connus en Algérie sous la dénomination vulgaire de *Khouan*, n'est un mystère pour personne, et l'on soupçonne assez généralement l'influence que les chefs de ces sociétés peuvent exercer sur la situation politique du pays. Le nombre de leurs adeptes est considérable, à ce point que nous nous rapprocherous beaucoup de la vérité en l'évaluant au cinquième environ de la population indigène. Voilà, certes, une force imposante. Mais n'est-elle pas susceptible de grandir encore, et dans d'étonnantes proportions, sous une discipline vigoureuse, telle que peuvent l'imprimer des chefs de sectes ardents, ambitieux et dominés par la croyance, commune à tous les sectaires, qu'il leur sera donné d'atteindre, dans un avenir plus ou moins rapproché, le but poursuivi dans leurs rêves enthousiastes, et cher à leurs illusions? Assurément, la ligne de conduite constamment suivie par les chefs des ordres religieux de l'Algérie et les efforts tentés sans relâche par leurs partisans suffiraient pour asseoir cette conviction.

L'émir El-Hadj Abd-el-Kader n'était pas un homme sans génie. Nul ne lui conteste une grande supériorité intellectuelle sur le milieu dans lequel il était né. Mais croit-on que ses éminentes qualités eussent suffi à le faire surgir à point nommé, de la foule, si le caractère religieux dont il était revêtu, et surtout son affiliation aux ordres les plus populaires ne l'eussent, pour ainsi dire, révélé aux masses et entouré d'une prestigieuse grandeur parmi les siens. Après cet homme d'exception, compterons-nous ces prétendus chérifs aussi bizarres d'allures que de noms, un Bou-Maza, un Bou-Baghla par exemple, et tant d'autres encore, gens de la plus basse extraction et dépourvus de toutes les qualités supérieures qui s'imposent d'elles-mêmes aux multitudes, et qui cependant parvenaient à se créer, à l'aide de relations mystérieuses, un parti assez fort pour défier nos armes ?

Ces faits, et d'autres qu'il serait superflu de rappeler, portent avec eux leur enseignement. D'où venaient donc à ces hommes sortis, comme par enchantement, des entrailles du pays, cette force singulière qui les élevait tout à coup, les grandissait outre mesure, et les soutenait quelque temps au dessus de la foule? On peut répondre avec certitude qu'ils la puisaient dans leurs rapports secrets avec les associations religieuses. Est-il besoin d'une démonstration plus lumineuse encore, et veut-on pénétrer plus avant dans le secret de ces agitations vivaces, toujours renaissantes quoique toujours réprimées, dont nous avons été, pendant vingt ans, les témoins ? L'examen attentif des statuts organiques des ordres religieux nous fournirait les précieux éléments d'une enquête concluante, et serait propre à lever tous les doutes.

Ce n'est donc pas une étude sans intérêt ni entièrement dépourvue d'utilité, que de rechercher dans quel esprit ont été conçues les règles en vertu desquelles ces sociétés se sont formées, dans quel milieu d'idées elles vivent, se meuvent et agissent ; quel système préside incessamment à leur développement ; de quel côté tendent leurs efforts, leurs aspirations et leurs espérances. Enfin, quel est leur but, et où se trouve le secret de leur prodigieuse influence.

Tel est l'objet de cette esquisse. D'autres avant nous ont

décrit avec autant d'exactitude que de talent les cérémonies et les pratiques extérieures des diverses associations de Khouan. M. Ad. Berbrugger dans plusieurs recueils périodiques, M. le colonel d'état-major de Neveu, dans un ouvrage spécial, et M. Alex. Bellemare, dans la *Revue contemporaine*, ont publié les plus intéressants détails sur ce sujet. Mais quant à la constitution intime des ordres, quant à leurs statuts organiques, l'étude en avait été négligée jusqu'à ce jour. C'est ce point délicat et resté dans l'ombre que nous abordons aujourd'hui, sans nous dissimuler, toutefois, les difficultés d'un pareil travail. Nous n'avons pas la prétention de tout dire. C'est simplement un premier pas dans une route nouvelle, encore mal frayée ; mais à défaut d'autre mérite, nous avons, du moins, celui d'avoir puisé nos informations aux sources originales. Les livres spéciaux et rituels à l'usage des Khouan ont été nos guides les plus sûrs et les meilleurs.

I

Les ordres religieux qui ont acquis droit de cité en Algérie sont au nombre de sept. Celui de Sidi-Abd-el-Kader-El-Djilali (1), de tous le plus ancien, mérite d'être placé au premier rang. Il doit son nom à un célèbre marabout de Bagdad qui en fut le fondateur dans le sixième siècle de l'Hégire. Il est très répandu dans tout l'Orient ; la mémoire de Sidi-Abd-el-Kader est restée populaire ; elle est entourée dans les pays musulmans d'une vénération superstitieuse, et en Algérie on considère ce saint personnage comme le patron des pauvres et des affligés. Le siége de l'ordre est à Bagdad,

____

(1) L'auteur emploie la forme la plus usitée de ce surnom, qui devrait pourtant s'écrire *Djilani*.

L'importance de l'ordre de Mouley-T'aïeb lui assigne la seconde place. Il paraît avoir été fondé par les chérifs du Maroc, et le sultan même de cet empire tient à honneur d'y être affilié. C'est en même temps de sa part un acte de sage politique. Le chef de l'ordre réside à Ouezzan, petite ville située entre El-Araich et Fès. Le nombre de ses sectateurs est considérable, tant dans les diverses contrées du Maroc que dans la partie occidentale de l'Algérie.

L'ordre des Aïssaoua doit être placé en troisième ligne, moins à cause du nombre de ses adeptes qui est restreint, qu'à raison de son ancienneté. Sa fondation remonte à Sidi-Moh'ammed-ben-Aïssa, fameux marabout qui vivait à Meknès, dans l'empire du Maroc, il y a environ trois cents ans. Le supérieur de l'ordre continue de résider dans ce pays.

Vient ensuite l'ordre de Sidi-Mah'ammed-ben-Abderrah'-man, qui doit son origine à un marabout de ce nom, issu de la tribu des Beni-Ismaïl, dans la confédération des Guech-toula, sur le revers septentrional du Djerdjera. C'est un ordre tout moderne, qui compte à peine cinquante années d'existence ; mais il est considéré dans la Kabilie et dans toute la partie orientale de l'Algérie comme un ordre national, et il réunit, à ce titre, un très grand nombre de partisans.

L'ordre de Sidi-Ah'med-Tidjani, d'une origine également récente, a été fondé à Aïn-Mahdi, par le marabout dont il porte le nom. Il est le plus répandu dans le Sahara et compte beaucoup d'adeptes dans les tribus Chaouïas de la province de Constantine. La résidence du supérieur-général est à Aïn-Mahdi.

L'ordre des Derkaoua tire son nom de Derka, petite ville du Maroc, dans la circonscription de Fès, d'où il paraît originaire. Ses sectateurs se rencontrent principalement dans l'Ouest de l'Algérie. Le mot d'ordre leur vient de Fès.

Enfin, nous terminerons cette revue par la mention d'un ordre beaucoup moins important que les précédents, celui

de Sidi-Youcef-El-H'amsali, qui s'est fondé dans les envi-
rons de Constantine, et dont l'influence ne s'étend pas au-
delà d'un rayon fort restreint autour de cette ville.

Chacun des ordr s que nous venons d'énumérer relève
d'un supérieur-général ou grand-maître, qui prend le titre
de *khalifa*. Il est choisi ordinairement parmi les descendants
du marabout fondateur, et réside dans le lieu même où l'ordre a pris naissance. Le khalifa a sous son autorité un nombre indéterminé de *cheikhs*, nommés aussi *mek'addems*, dont
chacun est chargé d'administrer une circonscription religieuse d'une importance variable.

Le cheikh, représentant immédiat du khalifa, est souverain dans toute l'étendue de son ressort spirituel. Il exerce
ses pouvoirs en vertu d'un titre régulier, de lettres patentes
qui lui sont octroyées par le khalifa et lui parviennent revêtues
de son sceau. Le cheikh lui-même a un sceau particulier, in-
signe du pouvoir qui lui est délégué. Il correspond seul avec
le khalifa soit pour lui donner des nouve'les, et l'instruire
de la situation de la société, soit pour lui demander des con-
seils et des instructions. Il a sous ses ordres un *nekib* ou vi-
caire, toujours agréé par le khalifa, et qui a pour mission de
le suppléer dans toutes les circonstances où cette mesure
peut être reconnue nécessaire. Enfin, sous les yeux du
cheikh et sous sa direction toute puissante, se meuvent un
certain nombre d'agents secondaires qui, sous les noms de
messagers, porte-bannières et chaouche, remplissent toutes
les fonctions subalternes de la société. Le plus considérable
de ces agents de second ordre est sans contredit le *rekk'as*
ou messager, courrier diplomatique par l'intermédiaire du-
quel s'opèrent toutes les communications entre les diverses
confréries du même ordre, ainsi que celles qui peuvent s'é-
changer entre le cheikh et le khalifa. Indépendamment des
dépêches écrites qui lui sont confiées, et qui ne contiennent
le plus ordinairement que des nouvelles d'un intérêt général,
le courrier est toujours porteur d'instructions verbales dont

le secret demeure entre lui, le cheikh qui l'envoie et le supérieur à qui elles sont destinées. Il s'agit, comme on le voit, d'un emploi de confiance et qui exige une capacité toute particulière. Aussi, le rekk'as chargé de ces délicates missions est-il un homme de choix, un peu taleb, rusé, adroit, souple, actif et dur à la fatigue. Léger de vêtements et d'argent, le rekk'as parcourt avec une célérité extraordinaire des espaces considérables, recevant partout, jusqu'à sa destination, l'hospitalité des Frères qui sentent renaître, à son passage, toutes les espérances que peuvent exciter dans des esprits crédules et fanatiques les relations mystérieuses dont il est l'agent toujours discret.

Les membres des associations religieuses prennent entre eux le nom de *khouan* (frères) et encore, mais moins ordinairement, celui de *fekirs* (pauvres), comme s'ils voulaient témoigner par là qu'ils ne sont que les humbles serviteurs du chef suprême de leur ordre et qu'ils rompent absolument avec le monde, renonçant à ses jouissances et à ses plaisirs, pour vivre de cette vie simple et modeste recommandée par le fondateur de l'islamisme qui disait de lui-même : « La pauvreté fait ma gloire. »

Les Frères se reconnaissent entre eux à des signes particuliers, à certains mots pris de leur rituel, ainsi qu'à la forme et à la composition des graines de leurs chapelets. Chaque ordre a, d'ailleurs, pour signe de ralliement officiel et public une bannière composée uniformément des trois couleurs, verte, jaune et rouge, emblèmes par excellence de l'islamisme, et dont la disposition seule varie suivant l'usage adopté par chaque ordre en particulier.

Le cheikh ou Mek'addem que l'on pourrait très bien appeler le Directeur provincial a seul pouvoir dans toute l'étendue de sa circonscription spirituelle, pour conférer le *oueurd*, c'est-à-dire pour initier à la règle et aux pratiques de l'ordre ceux qui demandent à y être affiliés.

Le musulman qui veut se faire initier, doit se préparer à ce grand acte par la prière, par le jeûne et par l'aumône. Il se dispose à dépouiller le vieil homme pour revêtir le sentiment de la grâce ; il s'agit d'un évènement capital dans son existence. Le jour venu où il doit être reçu en assemblée générale, il s'y présente sous les auspices de deux frères, qui l'amènent solennellement vers le cheikh. Le postulant se prosterne alors devant ce personnage respecté, et après lui avoir baisé les mains, il lui dit : « Père, vous me voyez repentant de mes péchés ; que Dieu me les pardonne ! Je viens à vous en toute humilité, pour que vous me confériez, avec l'assistance du Très-Haut, le *oueurd* de notre seigneur *un tel*... Père, je vous demande de m'initier à la science de la vérité, de me montrer la voie qui mène au salut en me traçant les règles de votre ordre vénéré. Je promets de m'y soumettre, d'y appliquer mon esprit et d'y demeurer fidèle. Je jure de servir jusqu'à la mort ceux qui vont devenir mes frères. Je jure obéissance et dévouement à notre maître le khalifa et au cheikh son représentant ; que Dieu les maintienne en sa grâce et leur accorde sa bénédiction ! » En ce moment, l'assistance s'écrie : « Il est à nous ! Il est à nous ! qu'il devienne un de nos frères ! » Alors, le cheikh se rapprochant du postulant, lui prend les deux mains et les serre étroitement dans les siennes ; puis, se penchant à son oreille, il y glisse certaines paroles mystérieuses, sous l'influence desquelles la figure du novice s'anime et prend une expression de béatitude céleste.

Il semble, en cet instant, que son esprit découvre des horisons nouveaux. Quels sont donc les mots magiques capables de produire un effet aussi surprenant ? Cette révélation intime, les livres des Khouan nous ont permis d'en pénétrer le secret. Le cheikh vient d'initier le nouveau Frère à la profession de foi islamique : *Il n'y a de Dieu que Dieu !* (*La-Il-lah'illa-Allah.*) Puis, il lui a confié les *sept noms*, ou les sept attributs principaux de la divinité, qui correspondent avec les sept cieux, aux sept lumières divines, et aux sept couleurs.

fondamentales (1). Cette première partie de la cérémonie terminée, le cheikh adresse au novice des exhortations paternelles, et lui enseigne les devoirs de son nouvel état. Ensuite, il se tourne vers l'assemblée, et dit : « Que la satisfaction de notre Frère, que sa félicité et sa gloire s'accroissent dans ce nid des humbles, que ses services soient agréables à l'Eternel et à notre bien-aimé fondateur ! » L'assemblée répond en chœur: ainsi soit-il, ainsi soit-il ! elle salue le nouveau venu par mille souhaits de bonheur, et psalmodie, à son intention, la *Fath'a,* cette prière d'actions de grâces, pleine d'élan et de foi, par laquelle les musulmans sanctifient tous les actes importants de la vie: c'est la première et la plus belle page du Koran! Ainsi se termine la cérémonie de l'initiation.

Les femmes sont aptes, aussi bien que les hommes, à être admises dans les confréries religieuses à l'exception toutefois, de celle des Aïssaoua (2). Elles sont reçues et initiées par d'autres femmes, investies du titre de supérieures (*mek'addemat*) qui elles-mêmes tiennent leurs pouvoirs du grand maître ou khalifa. Le nombre des affiliées du sexe féminin est considérable, particulièrement dans les ordres de Mouley-T'aïb et de Sidi-ben-Abderrah'man, et il n'est pas douteux qu'elles n'y jouent un rôle très actif et très important. Elles prennent entre elles le nom de *sœurs* et pour les étrangers celui de *fekirat.*

---

(1) Les *sept noms* sont classés par les théologiens dans l'ordre suivant : *Ia-Allah,* ô Dieu ! expression de son unité et de sa toute-puissance. *Ia-Houa,* ô Lui! celui qui Est, le Jehovah des Hébreux; reconnaissance authentique de son existence immuable. *Ia-Hakk',* ô le Juste. *Ia Haï,* ô le Vivant! *Ia-K'aïoum,* ô l'Eternel ! *Ia-Aalim,* ô le Savant ! *Ia-K'ah'ar,* ô le Vengeur ! — Les *sept couleurs* fondamentales sont, d'après les docteurs musulmans, le *blanc,* le *noir,* le *rouge,* le *jaune,* le *bleu,* le *vert-foncé* et le *vert-clair.*

(2) Cette exception n'a pas lieu à Alger, du moins. — N. de la Rédaction.

Il s'agit en tout cela, on le voit, d'une organisation simple, dont les rouages sont aussi peu nombreux que peu compliqués. Mais jusqu'à présent nous ne connaissons, pour ainsi dire, de ces sociétés religieuses, que des dehors plus ou moins faciles à saisir. Le fond nous échappe. Notre curiosité veut-elle aller plus avant ; prétendons-nous pénétrer au cœur même de l'institution, en démêler l'esprit, en approfondir la portée, en apprécier toute la signification ? Il faut alors se faire jour résolument dans l'intimité des frères, s'asseoir à leur foyer, prendre place dans leurs assemblées, et surprendre un à un leurs secrets les plus cachés. Peut-être parviendrons-nous ainsi à expliquer la puissance incontestée des ordres religieux et à nous rendre compte de cette influence vraiment prodigieuse qu'ils exercent sur les masses. Dans cette entreprise intéressante, nous allons être servi à souhait par certains livres qui, certes, ne s'attendaient pas à tomber entre nos mains, et dont nous ne prétendons pas user pour cela, avec la discrétion qu'y pourrait mettre un initié.

Voici un ouvrage précieux, intitulé : *Les Présents dominicaux ou développement de la Règle des Rahmaniens.* Il contient l'histoire de l'ordre fondé par Sidi-Mah'ammed-ben-Abderrah'man, la vie du fondateur, la constitution et les statuts organiques de la Société, ainsi que l'explication de ses cérémonies et pratiques secrètes. C'est un catéchisme complet, plein de curieux détails. Nous y remarquons particulièrement un chapitre qui mérite au plus haut point de fixer l'attention, c'est celui qui traite *ex professo* des obligations imposées aux Frères envers le supérieur général de l'ordre et le cheikh son délégué.

Nous demandons au lecteur la permission d'en extraire textuellement certains passages qui sont toute une révélation. Il y est dit : « Le jour où un novice se présente pour être agréé parmi les Frères, il est essentiel de lui adresser les recommandations suivantes, qu'il jurera de tenir secrètes, et auxquelles il promettra par serment, de se conformer avec la plus scrupuleuse fidélité.

« Mon enfant, lui dira-t-on, que ton attitude en présence du cheikh soit celle de l'esclave (*memlouk*) devant son roi !

« Le cheikh est l'homme chéri de Dieu. Il est supérieur à toutes les autres créatures, et prend rang après les prophètes.

« Ne vois donc que Lui, Lui partout. Bannis de ton cœur toute autre pensée que celle qui aurait Dieu ou le cheikh pour objet.

« Aie soin de ne te présenter devant lui que dans l'état le plus parfait de pureté physique et morale.

« Tu respecteras ses enfants et ses amis.

« Tu honoreras ses actions de son vivant et après sa mort.

« De même qu'un malade ne doit avoir rien de caché pour le médecin de son corps, de même tu es tenu de ne dérober au cheikh aucune de tes pensées, aucune de tes paroles, aucune de tes actions. Considère que le cheikh est le médecin de ton âme.

« Garde bien les secrets qu'il te confiera. Que ton cœur soit, à cet égard, muet comme un tombeau.

« Tu te tiendras sous son regard, la tête baissée et dans le plus profond silence, toujours prêt à lui obéir à un signe de sa main, à une parole de sa bouche.

« N'oublie pas que tu es son serviteur, et que tu ne dois rien faire sans son ordre.

« Il t'est défendu de t'avancer ou de te retirer, à moins qu'il ne le prescrive. Obéis-lui en tout ce qu'il ordonne, car c'est Dieu même qui commande par sa voix. Lui désobéir, c'est encourir la colère de Dieu.

« Voue-lui une obéissance aveugle. — Exécute sa volonté, quand même les ordres qu'il te donne te paraîtraient injustes.

« Sois entre ses mains comme est un cadavre entre les mains du laveur des morts, qui le tourne et le retourne à son gré. »

À ces instructions si précises et dont la portée est si claire, si évidente, un commentateur (il n'y a pas de texte arabe sans commentaires), ajoute sous forme de paraphrase : « l'obéissance absolue est la première et la plus essentielle de toutes les règles dont le novice doit se pénétrer ; car c'est de celle-là que découlent toutes les autres. Qu'il se figure donc que le cheikh est l'homme le plus parfait de son pays et de son siècle, qu'il l'entoure du plus grand respect en toute circonstance et en tout lieu. Il ne s'occupera pas de ce qu'il fait ni de ce qu'il dit ; il se gardera bien de s'enquérir de quelle manière le cheikh agit, soit dans sa vie privée, soit dans la pratique de la religion. Il ne recherchera pas non plus quelle est la quantité de nourriture qu'il prend, combien de temps il consacre au sommeil, combien de fois il prie ni combien d'ablutions il fait le jour ou la nuit.

« Ce sont là, autant de choses sacrées. Il y a péché à épouser une femme qui a été celle du cheikh, et qu'il a répudiée ; il n'est pas permis davantage de se marier sans son agrément. S'il est convenable dans la pratique ordinaire de la vie, de cacher aux autres hommes ses actions et ses pensées, la même réserve ne doit pas exister à l'égard du cheikh à qui il est juste au contraire, de tout dire et de tout confesser. Cette dernière règle est une des plus importantes à observer. » On apprend enfin aux nouveaux adeptes qu'ils encourront l'exclusion de la société pour avoir désobéi au cheikh, pour avoir manqué d'assister à la prière du vendredi sans un motif légitime d'abstention approuvé par lui ; enfin, pour s'être assis à la place qui lui était réservée, ou pour avoir ri en sa présence.

Les réflexions que peut suggérer l'examen de ces règles organiques, se présentent d'elles-mêmes à tous les esprits. N'est-il pas manifeste que tout y a été inspiré et prévu dans le but de porter aussi loin que possible le renoncement à soi-même, et d'étendre jusqu'à sa dernière limite le principe d'autorité ? On voit, d'un côté, le supérieur général investi d'un pouvoir despotique sur tous les sujets de son ordre, et ce même pouvoir délégué au cheikh ou mek'addem qui l'exerce d'une manière tout aussi large, toute aussi étendue, sur les Frères soumis à sa juridiction spirituelle. De l'autre, apparaissent des hommes ou plutôt des ombres d'hommes, sortes d'automates qui pensent et agissent sous l'inspiration d'un seul.

Jamais autocratie ne s'est montrée avec des allures plus tranchantes et plus décidées ; jamais non plus, le dogme de l'obéissance n'a été posé et accepté dans des termes plus formels et plus absolus. Il est donc permis d'affirmer que c'est dans ce double principe de l'autorité d'une part, de l'abnégation personnelle et de l'obéissance passive de l'autre, que réside le principal mobile de la puissance extraordinaire des ordres religieux musulmans. Notons ce fait capital et passons. Il ne suffit pas, d'ailleurs, d'avoir fait connaître les obligations qui asservissent l'adepte à la volonté supérieure du cheikh, cette étude serait incomplète si nous omettions de mentionner les devoirs qui lient les frères d'un même ordre entre eux.

L'ouvrage que nous avons déjà cité, est clair et explicite ; il exprime toujours nettement ce qu'il veut dire. Aussi continuerons-nous volontiers de le prendre pour guide. Il y a dans ce livre un chapitre fort intéressant, où se trouvent spécifiées les règles que les membres de l'ordre sont tenus d'observer dans leurs rapports de confraternité mutuelle. Le cheikh s'adressant à un nouvel initié, lui dit :

« Mon enfant, tu serviras tes frères avec dévouement. Les servir c'est pour toi comme un titre de noblesse.

« Tu fermeras les yeux sur leurs défauts et tu cacheras leurs fautes si tu les connais. Celui qui dévoile les actions coupables de ses frères, détache le voile qui couvre ses propres péchés.

« Aime ceux qui les aiment ; déteste ceux qui les haïssent ; car vous ne formez tous qu'une seule et même âme.

« Pardonne-leurs les offenses dont ils peuvent se rendre coupables envers toi.

« Ferme ton oreille au mal qu'on pourrait te dire sur leur compte.

« Assiste-les dans la maladie ; viens à leur aide dans l'adversité.

« Garde-toi, dans les rapports avec tes frères, de l'hypocrisie, du mensonge et de l'orgueil.

« Soustrais ton cœur à l'envie ; car l'envie consume les bonnes œuvres, comme le feu consume le bois.

« Quand tu parles de tes frères, applique-toi à vanter leurs mérites, et fais voir que tu es fier de leur confraternité.

« Pense avec eux d'un même esprit ; agis avec eux d'un même cœur ; avance avec eux d'un même pas dans la voie du salut des âmes, dans cette voie tracée par le fondateur de notre ordre, le plus grand des hommes sur la terre, après les prophètes.

« Lorsque tu parles de la société à laquelle tu es lié par tes serments, souviens-toi qu'il est convenable et digne de l'élever au-dessus de toutes les autres. »

En vérité, ne dirait-on pas que quelques-uns de ces préceptes sont empruntés aux plus belles pages de l'Evangile ? On y respire un parfum tout chrétien. Dévouement et solidarité entre les Frères ; charité, assistance mutuelle dans les épreuves pénibles de la vie ; communion intime de l'esprit, du cœur et de la volonté ; association des efforts individuels dans un intérêt commun, et pour concourir à un but unique qui est le bien de tous les associés : telles sont les obligations qui unissent les Frères entre eux. Nul n'y saurait voir autre chose que l'expression de la morale la plus pure et la plus élevée. Est-ce donc uniquement dans la pratique de ces devoirs sociaux qu'il faut chercher la fin que se sont proposée les fondateurs des ordres religieux ? On serait tenté de le croire au premier abord, et de ne voir dans les Khouan que des Francs-Maçons musulmans ; mais les faits parlent un langage différent.

En les interrogeant avec attention, on est amené à reconnaître que le but de ces sociétés est moins humain, moins terre-à-terre, pour ainsi dire, et qu'il ne s'agit de rien moins que d'une institution philanthropique. La fin est plus haute. De tout temps, l'expérience a démontré que les efforts individuels et isolés, si généreux qu'ils soient, s'épuisent et se consument le plus souvent en agitations vaines et stériles ; mais que ces mêmes forces auparavant éparpillées viennent à être réunies en un faisceau compact, et qu'alors elles se meuvent sous l'empire d'une volonté unique et forte, quels merveilleux résultats ne produiront-elles pas ? La puissance de l'association les centuple ; l'unité de direction, en les réglant et en les disciplinant, leur imprime un élan d'action incomparable. Il nous semble bien évident que les fondateurs des ordres musulmans étaient pénétrés de cette vérité, lorsqu'ils ont édicté leurs règles. Ce qu'ils ont voulu en combinant ces deux éléments d'organisation, c'est faire de leurs adeptes un corps homogène et fortement uni, capable d'agir avec ensemble sous l'inspiration d'une volonté souveraine. Certes, l'on ne saurait nier qu'ils y aient réussi. Quant au but à atteindre, il touche aux plus hauts intérêts de la religion, Les fekirs étaient destinés à devenir les champions de la foi. l'Islam militant, une armée à la fois enthousiaste et disciplinée, prête à combattre, toujours et partout, l'incrédulité et l'hérésie ; une armée de propagande, marchant tête haute, avec cette devise sur sa bannière : « A la plus grande gloire de Dieu ! »

Aux fekirs serait confiée la garde du dépôt sacré des traditions islamiques ; à eux reviendrait l'honneur de marcher au premier rang contre les infidèles (*el-kafirin*) avec lesquels le vrai croyant ne connaît ni paix, ni trève, selon ce qui est écrit dans le livre : « O croyants, combattez les mécréants, qu'ils vous trouvent durs à leur égard ! — Combattez-les, afin que Dieu les châtie par vos mains et les couvre d'opprobre, et qu'il vous donne la victoire sur eux ! — Combattez-les, jusqu'à ce qu'il n'y ait plus de tentation, et qu'il n'y ait plus d'autre culte que celui du Dieu unique. — Quiconque combat pour sa foi, combat pour son propre avantage (1). »

La pensée des fondateurs des ordres religieux musulmans, fidèlement transmise à leurs successeurs, a porté ses fruits. Cette milice armée pour la défense et la propagation de la foi, nous la connaissons. Elle a grandi à l'ombre d'institutions mystérieuses, qui n'ont pas peu contribué à développer l'ardeur et l'enthousiasme de ses guerriers. Nos soldats se sont mesurés avec elle sur plus d'un champ de bataille. Elle est là, debout, fière, impétueuse, prête, au premier signal de ses chefs, à donner tête baissée dans les périls. Mais elle sait aussi, quand la voix de ses supérieurs l'ordonne, se montrer patiente et résignée ; elle courbe la tête sous la force irrésistible des événements, épiant une heure favorable pour la relever plus altière. C'est une mer calme à la surface ; au fond gronde la tempête. Les fekirs, convaincus de la sainteté de leur cause et de la grandeur du but vers lequel tendent leurs efforts, ne se découragent pas par les revers. La foi est vivace ; l'espérance est toujours au bout. Les individus succombent, mais les sociétés ne meurent pas.

II

Il y a dans Montesquieu une remarque fort judicieuse :

« Une religion chargée de beaucoup de pratiques attache plus à elle qu'une autre qui l'est moins ; on tient beaucoup aux choses dont on est toujours occupé (2). »

---

(1) Koran. Sourate 8, vers. 40. — Sour. 9, vers. 14 et 124. — Sour. 20, vers. 5.

(2) *Esprit des lois*, liv. 25, ch. 2.

Les fondateurs des ordres religieux musulmans qui avaient profondément médité sur le fort et le faible de l'esprit humain, paraissent avoir senti eux-mêmes cette vérité de tous les temps, et, en politiques habiles, ils en ont, avec une grande force de volonté, poursuivi l'intelligente application. Nous voyons que pour atteindre plus sûrement le but qu'ils s'étaient proposé, ils ont, par des règles expresses, assujetti leurs adeptes à l'observation de certaines pratiques spirituelles et ascétiques qui, en concentrant tout l'effort de leur imagination sur l'accomplissement des mêmes actes souvent répétés, les détachent insensiblement du monde réel, les absorbent dans la contemplation d'un idéal mystique, et les privent finalement de leur libre arbitre. Des disciples ainsi préparés deviennent entre les mains de leur directeur de véritables machines, et les instruments toujours dociles de sa volonté souveraine.

Cette particularité de la constitution des ordres musulmans mérite qu'on s'y arrête. Veut-on savoir en quoi consistent ces pratiques dont l'observation rigoureuse peut seule conduire le Fekir à la perfection? Tous les rituels des Khouan s'accordent à en préconiser l'importance, et les classent dans l'ordre suivant :

Le renoncement au monde, *(âzlet-ân-en-nas)* ;

La retraite *(el-kheloud)* ;

La veille *(es-sahr)* ;

L'abstinence *(es-siam)* ;

L'oraison continue *(ed-dziker)* ;

Et enfin l'obligation de se réunir, à des jours déterminés, pour chanter en commun les louanges de Dieu et de son Prophète, et pour célébrer les mérites du fondateur de l'ordre.

Certainement, il s'en faut de beaucoup que ces pratiques soient observées par tous les adeptes avec la même foi et le même zèle. La *retraite* et le *renoncement au monde*, par exemple, ne sont jamais le lot que d'un petit nombre de fekirs parfaits. On en saisit aisément la raison. Comment, en effet, exiger de tous les frères indistinctement, qu'ils se soumettent à des épreuves du genre de celles que nous allons rapporter ? Nous citons textuellement un de leurs catéchismes les plus réputés.

« Le fekir fait vœu d'humilité. En entrant dans l'ordre, il se dira : *la retraite est le tombeau de mon âme.* Il rompra dès-lors avec ses anciennes relations ; il déposera, pour ne plus les reprendre, les habits somptueux, tels que ceux d'or et de soie ; il détournera ses regards des belles formes et des beaux visages, parce que cette vue est comme un poison brûlant et qu'elle ressemble à une flèche envenimée qui donne la mort. Il fermera son cœur à la concupiscence ; il se contentera d'une seule femme et ne la répudiera pas. Il vaudra même mieux pour lui, dans l'intérêt de son salut, qu'il demeure toute sa vie célibataire. C'est une véritable grandeur et une félicité réelle que de fermer son cœur aux passions humaines. Le renoncement aux jouissances et aux tentations du monde est l'heureux effet de cette force victorieuse que donne la grâce de notre seigneur le Prophète, sur lui soit le salut ! »

Il est peu de frères, si attachés qu'ils soient à leur ordre, qui se montrent soucieux de se conformer à ces règles monastiques. La *veille* n'est guère plus en faveur que le *renoncement au monde.* Existe-il en effet beaucoup d'hommes, si dévots qu'on les suppose, capables de se rendre insensibles aux atteintes du sommeil et de rester pendant les longues heures de la nuit, absorbés dans la contemplation et dans la prière ? Cette pratique ne compte qu'un petit nombre d'observateurs zélés. Mais enfin, il y en a de tels, et il arrive alors que ces privilégiés de la grâce passent aux yeux de tous les musulmans pour des saints, pour les vrais élus de Dieu. Modèles d'autant plus admirés que chacun sent son impuissance à les imiter, ils deviennent promptement l'objet du respect universel. Leurs moindres paroles ont sur l'esprit du vulgaire l'autorité des oracles. C'est à ces hommes exceptionnellement doués d'une piété surnaturelle, que la vénération publique décerne le nom de marabouts (*morab-t'in*) qui signifie *liés à la religion* par des vœux qui excluent toute pensée, tout souvenir du monde. Il devient, dès-lors, facile de s'expliquer le rôle prépondérant dévolu à ces fekirs parfaits dans un état social où le principe religieux domine les institutions, aussi bien que les actes les plus vulgaires de la vie.

L'influence marquée du marabout dans tous les évènements qui agitent les masses musulmanes n'a plus rien qui doive surprendre. Pour tous les initiés, le marabout est un *Frère*, mais un Frère privilégié, un Frère éclairé par un rayon d'en haut, à qui l'on doit l'obéissance avec le respect qu'inspire sa vertu. La pratique du *jeûne*, qui en épuisant le corps comme le fait la veille prolongée, est également propre à produire une grande surexcitation des facultés cérébrales, se trouve observée dans tout ce qu'elle a d'essentiel par l'universalité des Frères. En cela ils se montrent fidèles à la tradition qui veut que Mahomet ait dit à ses premiers disciples : « L'abstinence est comme la porte du ciel. L'odeur qui s'exhale de la bouche de celui qui jeûne est plus agréable à Dieu que le parfum du musc et de l'ambre. »

Les confréries religieuses recrutent leurs adeptes dans toutes les conditions sociales, ce qui, au surplus, fait leur force et leur vitalité. Il n'est pas surprenant que tous les Frères ne puissent pas se plier aux habitudes austères de la mortification; mais remarquez ceci. Les Fekirs les plus convaincus qu'il est avec les règles de leur ordre des accommodements, et qu'elles peuvent se concilier avec la fréquentation du monde et l'usage de ses plaisirs, ceux-là même, disons-nous, se feraient un scrupule de manquer à la pratique de l'*oraison continue*, et à la règle qui fait un devoir de célébrer en commun les rits et cérémonies institués par le fondateur. Or, il est à remarquer que rien n'est plus propre que l'accomplissement rigoureux de ces deux obligations fondamentales, à tenir les esprits perpétuellement en haleine et à éveiller chez les natures les plus apathiques ces sentiments d'exaltation religieuse, qui par leurs excès et leur continuité mènent insensiblement au fanatisme. Ces réflexions veulent être appuyées de quelques développements.

L'*oraison continue* ou *dziker* joue un rôle considérable dans la vie des Khouan. Le fondateur de l'un des ordres les plus fameux, a défini cette pratique : « l'épée avec laquelle les frères repoussent leurs ennemis, et se défendent contre les malheurs qui les menacent. » Elle consiste à répéter un nombre de fois déterminé par les statuts de l'ordre certaines formules ou invocations spirituelles, telles que celles-ci, qui peuvent être données pour exemples : « Il n'y a de Dieu que Dieu ! — Dieu, pardonne ! — O Dieu, le vivant, le fort, l'aimable, le juste, le clément, le miséricordieux ! — O Dieu ! La faveur divine et le salut soient sur notre Seigneur et maître Moh'ammed, sa famille et ses compagnons ! — Gloire à Dieu dans les Cieux et sur la Terre ! — O Croyants, tout ce que vous pouvez faire de bien, vous le retrouverez au centuple auprès de Dieu, car il est le juste, le clément, le miséricordieux. — O Dieu ! La faveur divine soit sur notre seigneur Moh'ammed qui a ouvert ce qui était fermé, — qui a mis le sceau à ce qui précédait, et qui a fait triompher la vertu par le droit. O Dieu ! c'est lui qui conduit dans la voie droite que tu as tracée. — J'atteste qu'il n'y a de Dieu que le Dieu unique ; il n'a pas d'associés : c'est la profession de foi de ceux qui succombent en combattant pour sa cause. Ils ne sont point morts ; ils vivent auprès de Dieu et reçoivent de lui leur nourriture. — Les portes du Paradis sont ouvertes à ceux que l'épée atteindra. — Faites la guerre à ceux qui ne croient pas en Dieu, ni au jour dernier, qui ne regardent pas comme défendu ce que Dieu et son Apôtre ont défendu. Est-ce que vous ne comprenez point ? — Dieu est mon refuge contre Satan le Lapidé ! — Préparez-vous : de jeunes vierges aux yeux noirs resplendiront pour ceux qui auront combattu dans le sentier de Dieu. — Dieu a acheté aux croyants leurs biens et leurs personnes pour leur donner en échange le Paradis, où leur soif sera étanchée ; ils tueront et seront tués... »

Il y a telle de ces pieuses invocations, toutes empruntées au Koran, que les adeptes sont tenus de répéter cent, deux cents, trois cents, mille, deux mille et jusqu'à trois mille fois par jour. Est-il esprit si distrait, qui ne se trouve forcément ramené par une pareille pratique à l'idée religieuse qui se lie à son ordre ? Dans de semblables conditions, l'homme ne s'appartient plus ; il a cessé de penser pour son compte ; le monde extérieur lui échappe ; il s'absorbe tout entier dans la contemplation incessante d'un idéal divin qu'il s'habitue à considérer comme présidant à tous les actes de la vie sociale. C'est une déchéance complète de la volonté, de la réflexion et de la liberté. C'est la pente glissante qui conduit au fatalisme ! Ainsi, le *dziker*, en annihilant le moi par sa subordination absolue à une force supérieure, régulatrice suprême de tous les actes humains, devient le plus puissant auxiliaire de la règle qui fait, aux adeptes, une loi *sine quâ non* de l'obéissance passive. D'un autre côté, et ceci n'est point indifférent à noter, en retraçant à chaque instant à l'esprit des frères, l'obligation divine de combattre tous ceux qui ne partagent pas leur croyance, il fomente chez eux l'ardeur du prosélytisme et les prépare à faire incessamment, à la foi, le sacrifice, devenu léger, de leurs biens et de leurs personnes. Voilà pourquoi le dziker joue un rôle si important ; pourquoi les chefs des ordres en ont fait une pratique essentielle, obligatoire pour tous, que l'on ne peut négliger sans encourir la peine la plus sensible au fekir, celle d'être chassé comme félon du sein de la communauté. Aussi, remarquez avec quelle ferveur l'adepte, dans quelque position qu'il se trouve, se livre à la pratique du dziker de son ordre. Gardez-vous de le troubler dans cette dévote occupation, si vous ne voulez entendre mille injures et mille imprécations à votre adresse. Ce musulman à la figure blême, aux yeux caves et roulant dans leurs orbites, aux lèvres crispées, qui passe près de vous en égrenant son chapelet d'une main fébrile, c'est un fekir qui récite son dziker. Votre vue l'irrite et le passionne ; il détourne la tête et crache en signe de mépris. Voilà un fanatique, un insensé, direz vous. D'accord. Mais combien de gens de cette sorte ne voyons-nous pas en pays algérien ? Ils nous coudoient chaque jour sur la place publique.

L'obligation imposée aux Khouan de s'assembler fréquemment, non pas simplement pour prier et pour chanter les louanges de Dieu et de son apôtre, qu'on ne se méprenne pas à cet égard, mais surtout pour se livrer à certaines pratiques secrètes qui rappellent les mystères de l'antique Orient ; cette obligation, disons-nous, est fidèlement remplie par la grande majorité des Frères. Chacun d'eux vient périodiquement raviver sa foi à ce foyer incandescent, et puiser dans la communauté d'idées et de sentiments, un nouvel aliment à son enthousiasme.

Il n'entre pas dans le plan que nous nous sommes tracé de décrire *in extenso* les diverses phases des cérémonies qui s'accomplissent au sein de ses assemblées prétendues religieuses. Nous en cherchons seulement et la signification et le but. Or, que le lecteur nous permette de mettre sous ses yeux certain passage édifiant d'un petit livre à l'usage des adeptes, livre tout plein de mysticisme, intitulé les *Perles de la perfection*.

« L'assemblée des fekirs, y lisons-nous, doit se tenir, autant que possible, le vendredi, soit dans la Zaouïa de l'ordre, soit dans la demeure du mek'addem. Le lieu doit être vide et sombre pour prêter davantage au recueillement. L'obscurité est aussi plus favorable pour percevoir la présence des génies et des spectres. Elle permet aux fekirs de mieux saisir leurs mouvements et d'entrer en communication plus directe et plus intime avec eux. » Voilà, certes, un merveilleux procédé. Des apparitions fantastiques et l'intervention d'êtres surnaturels dans un milieu si bien préparé, que pouvait-on inventer de mieux pour agir fortement sur des esprits naturellement crédules et enclins à la superstition ? Aussi, quelles scènes se déroulent dans ces assemblées, scènes impossibles à retracer tant elles se dérobent à l'analyse par leur prodigieuse étrangeté ! Plus loin, l'auteur du livre ajoute : « Dans les *h'adras* ou réunions, le fekir aura soin de fermer les yeux, afin de s'absorber entièrement dans la contemplation intérieure, et pour percevoir plus distinctement en esprit, la figure du cheikh. Il se gardera bien de boire, dans la crainte d'éteindre par là l'ardeur que fait naître la récitation. » Et cette ardeur, en effet, est poussée jusqu'au délire. Des voix montant et retombant en cadence ; des corps qui avancent et reculent, comme s'ils étaient poussés par des ressorts invisibles ; des mouvements saccadés de la tête en avant et en arrière ; des chevelures flottant au vent ; des cris rauques sortant de gosiers en feu ; des chants semblables tantôt à des gémissements plaintifs, et tantôt à des rugissements de bêtes féroces ; des danses convulsives au son d'une musique d'abord lente et lugubre, mais qui s'anime par degrés à mesure que les têtes s'échauffent et s'exaltent : Tel est le spectacle plein d'une religieuse horreur que les *h'adras* offrent aux yeux des spectateurs étonnés. Le cheikh debout au milieu de l'assemblée, anime son bataillon sacré de la voix et du geste. Déjà le fekir ne se connaît plus. Son sang bout dans ses veines ; son cerveau éclate ; il n'est plus homme, il ne tient plus à la terre ; on le dirait transporté dans des régions supérieures. Il touche à l'extase. Mais enfin, ruisselant de sueur, épuisé, anéanti, il vient tomber aux pieds du cheikh. Celui-ci, sans se départir de sa gravité, lui pose un genou sur la poitrine, lui prend les deux mains et les étreint dans les siennes ; puis il promène en sens divers ses mains sur son visage altéré, comme pour en soutirer le fluide qui l'oppresse.

Enfin, il lui insuffle son haleine dans la bouche, et paraît lui glisser quelques mots mystérieux à l'oreille. En ce moment, le fekir se ranime; il se redresse comme un corps galvanisé. Puis, la bouche haletante, les yeux hagards, les membres convulsivement agités, il cherche à recueillir un reste de force pour s'élancer de nouveau dans le tourbillon des danses fantastiques. Mais la voix du cheikh l'arrête; il est à bout d'haleine; il tombe anéanti et comme mort sur le sol.

On se demande avec une anxieuse curiosité de quels excès ne seraient pas capables des hommes arrivés à ce paroxysme de la déraison? Faut-il, après cela, s'étonner que dans un pareil désordre des facultés mentales, il y ait des frères qui, de bonne foi, croient que le souffle inspirateur du prophète Mohammed descend au milieu d'eux. Dans ce moment suprême, ces fanatiques ferment les yeux et se recueillent dans une contemplation sublime. Ils perçoivent distinctement des sons étranges; ils entendent une voix céleste qui les encourage et leur dicte les volontés d'en haut; ils se sentent comme transportés dans les sphères éthérées. On dit les Khouan de Sidi-Tidjani et ceux de Mouley-Taïeb, particulièrement sujets à ces visions surnaturelles. D'autres, ce sont les sectateurs de Sidi Mohammed-ben-Aïssa, en viennent à un tel degré d'insensibilité extatique, qu'ils marchent pieds nus sur des charbons ardents, promènent sur leurs langues des fers rougis au feu, avalent des morceaux de verre broyés sous leurs dents, se meurtrissent et s'ouvrent les chairs avec des instruments tranchants, tout cela sans témoigner de douleurs. Bien plus, et de pareilles scènes font frémir, il y en a parmi eux qui, après avoir mis en pièces des moutons vivants, en dévorent avec des rugissements féroces les chairs encore palpitantes! Nous avons assisté plusieurs fois à ce spectacle barbare, et nous en avons emporté, avec un profond sentiment de dégoût, une impression ineffaçable de tristesse mêlée à la pitié que peuvent inspirer ces aberrations systématiques de l'esprit humain.

Les Moh'addems recommandent, en général, aux initiés, l'usage du *hachiche*, cette plante aux sucs narcotiques et enivrants (le *chanvre indien*) à laquelle l'Orient a, depuis des siècles, décerné le nom d'*herbe des fekirs* (1). Aucun stimulant n'est plus énergique ni plus propre à exalter l'imagination jusqu'à la folie, et à donner du courage au moins belliqueux. Si la recette est infaillible, elle n'est point nouvelle, et l'on ne saurait, sans injustice, en faire honneur aux cheikhs de l'Algérie. Elle était pratiquée déjà et avec succès, il y a huit siècles, par ce fameux chef des Khouan Ismaëliens, appelé le *Vieil de la Montagne* par les historiens des Croisades, qui se sont complus dans le récit de ses sanglantes prouesses. Les bandes de partisans fanatisés par les prédications de cet aventurier qui fait penser involontairement aux chérifs algériens de nos jours, rançonnaient les chrétiens et les égorgeaient sans merci. Le nom de *hachaïchin* (*mangeurs de hachiche*) que leur attribuaient les récits populaires, se naturalisa dans notre vieux langage et s'est perpétué jusqu'à nous dans le mot *assassins*. Rien n'est plus propre, ce nous semble, que cette antique et naïve tradition française qui a rapproché deux mots dont l'un exprime la cause et l'autre l'effet, à nous donner une juste idée des excès auxquels peut se porter l'adepte livré corps et âme à l'influence du hachiche. En proie à cette ivresse délirante, n'est-il pas capable des actes les plus insensés? Le fekir mangeur de hachiche se joue avec toutes les extravagances. Le crime même change de nature à ses yeux. Que lui coûtera le sang versé? De quel poids pèsera pour lui la vie d'un de ses semblables, et surtout celle d'un chrétien? L'immolation d'un adorateur de la croix est un acte méritoire aux yeux du Dieu qu'il sert; elle lui ouvre les portes du Paradis, et lui laisse entrevoir une éternité de délices que la vertu du hachiche colore de ses reflets les plus chatoyants.

---

(1) Voir un curieux passage de l'historien Taki-ed-din-Makrizi, traduit par M. S. de Sacy, dans sa *Chrestomathie*.

III

Après avoir esquissé dans les pages qui précèdent les traits les plus caractéristiques de l'organisation des ordres religieux musulmans de l'Algérie, nous voudrions remonter jusqu'à l'origine de ces institutions, et voir clairement d'où elles viennent. Cette recherche n'est pas indifférente dans la question. L'histoire, aidée de la tradition, ne laisse sur ce point aucune obscurité. Elle nous apprend que c'est dans l'Orient, la terre classique des rêveries mystiques, de l'enthousiasme et des doctrines ascétiques qu'il faut aller chercher le berceau de ces sociétés.

Les historiens arabes rapportent que dans la première année de l'hégire, 90 habitants de la Mecque et de Médine, convertis à la nouvelle religion, se réunirent entre eux, faisant serment de demeurer fidèles jusqu'à la mort à la doctrine prêchée par Mohammed et qu'ils formèrent ensemble une sorte d'association ayant pour objet d'établir entre eux la communauté des biens et de s'acquitter tous les jours de certaines pratiques religieuses dans un esprit de pénitence et de mortification. Pour se distinguer des autres mahométans, ils prirent le nom de *soufis* qu'ils empruntèrent au vêtement de laine grossier dont ils faisaient vœu de se couvrir par humilité (1). Bientôt ils joignirent à ce premier nom celui de *fekirs* (pauvres), parce qu'ils avaient pour maxime de renoncer aux biens de la terre, de vivre dans l'éloignement de toute jouissance mondaine et de s'absorber entièrement dans la prière et dans la contemplation intérieure de

---

(1) Du mot arabe *souf*, qui signifie *laine*.

l'idéal divin. La ferveur de ces premiers cénobites fit grand bruit parmi les sectateurs de l'islamisme naissant. A leur exemple, Abou-Bekr, beau-père de Mahomet et le premier des khalifes ses successeurs ; et, dans le même temps, Ali-ben-Abou-Taleb, cousin et gendre du prophète, établirent, du vivant même, et sous les yeux du fondateur de la nouvelle religion, des congrégations monastiques qui adoptèrent pour statuts fondamentaux les règles établies par les premiers soufis. Ces règles consistaient, au rapport des mêmes historiens, dans la retraite, dans le renoncement aux plaisirs même les plus innocents et dans la récitation d'une infinité de prières, le jour et la nuit. Abou-Bekr et Ali laissèrent, en mourant, à de vénérables musulmans, le soin de continuer leur œuvre, et ils leur conférèrent, avec le titre de khalifas, le pouvoir d'initier les vrais croyants aux règles de leur institut. On vit bientôt ces confréries religieuses se multiplier.

Elles ne tardèrent pas à se répandre dans toutes les contrées nouvellement soumises par la conquête aux armes et à la foi musulmanes. Une foule d'ordres, tous animés du même esprit, se fondèrent sous des dénominations différentes. Leurs chefs prirent la qualification de *cheikh (ancien, doyen)* et les disciples furent appelés *derouiches,* mot persan qui signifie le *seuil de la porte,* et qui, par métaphore, devait indiquer l'esprit d'humanité, de retraite et d'abnégation formant le caractère distinctif de ces sociétés religieuses. Celles-ci se sont maintenues, depuis des siècles, dans tous les pays de l'Orient. On en compte jusqu'à trente-deux à la tête desquelles figure l'ordre, si populaire en Algérie, qui reconnaît pour fondateur Sidi Abdelkader-el-Djilali. De ces trente-deux ordres, trois seulement se vantent de remonter jusqu'à Abou-Bekr, et les vingt-neuf autres sont issus du premier institut fondé par Ali-ben-Abou-Taleb (1). Les Khouan de Sidi Abdelkader s'attribuent cette dernière origine.

______

(1) Mouradgea d'Ohsson, *Tableau de l'Empire Ottoman.*

C'est donc à ces institutions nées dans l'Orient, au temps même de la plus grande ferveur islamique, que les fondateurs des ordres religieux aujourd'hui si répandus dans l'Algérie et dans les pays voisins, le Maroc et la Tunisie, ont demandé leurs inspirations ; c'est à elles qu'ils ont emprunté leurs doctrines, leurs règles, leurs statuts fondamentaux. Cette assertion se trouve, au reste, confirmée par l'aveu même des auteurs qui ont dévoilé les secrets de *la vraie science*, dans des livres destinés aux seuls initiés. Nous lisons, par exemple, dans le préambule d'un traité spécial rédigé pour les disciples de Tidjani : « La doctrine que nous enseignons est « celle des Soufis (*Trik-es-Soufia.*) » Un autre ouvrage, considéré comme classique par les sectateurs de Sidi-Abdelkader, s'exprime en termes non moins formels : « Sachez « bien, (ces paroles s'adressent aux novices) que les précep- « tes que vous devez mettre en pratique, ce sont nos sei- « gneurs et maîtres les Soufis qui les ont tracés dans leurs « livres. » Ce point nous paraît donc hors de contestation ; mais voici un passage plus explicite encore. Nous l'empruntons à une biographie de Sidi-Mahammed-ben-Abderrahman, le père des Khouan Rahmaniens, l'ordre qui, ainsi que nous l'avons déjà fait remarquer, est le plus en honneur dans tout l'Est de l'Algérie. « Les doctrines des Soufis, dit le biographe, étaient encore peu répandues dans les contrées algériennes avant qu'elles n'y eussent été importées par l'imam Abou-Abdallah Sidi Mahammed-ben-Abderrahman-el-Guech-touli, surnommé el-Azhari, à cause du long séjour qu'il avait fait dans la mosquée d'El-Azhar, au Caire, pour y étudier la science de la vérité.

Il avait demeuré sous le toit des Maugrebins, en Egypte, et il y avait fait la connaissance de l'auteur le plus célèbre de ce temps-là, Abou-Abdallah-Sidi-Mohammed-ben-Salem-el-Hafnaoui. Ce docteur illustre l'initia aux *sept noms*, lui enseigna la doctrine et les pratiques des Soufis et lui conféra le *oueurd*.

Après avoir quitté l'Egypte, Sidi-Mahammed-ben-Abder-rahman pénétra dans le Soudan pour y faire des prosélytes. Au bout de quelque temps, le mek'addem El-Hafnaoui le rappela en Egypte, et lui donna l'investiture de *la Guenille* (*el-Kharka*), qui est le vêtement distinctif des Soufis; puis il lui ordonna de retourner dans sa patrie. Obéissant à ce commandement, Sidi-Mahammed revint dans le Djerdjera et s'établit à Guechtoula, dépendance de la tribu des Zouaoua. Il avait reçu de son supérieur l'autorisation de répandre les doctrines auxquelles il avait été initié, et il commença alors ses prédications. Bientôt de nombreux disciples, attirés par la sainteté de sa vie, se groupèrent autour de lui. Son maître, le mek'addem El-Hafnaoui, avait reçu le *oueurd* en Syrie, du cheikh hanafi Sidi-Mostefâ-ben-Kemâl-Ed-Din-ben Ali-el-Bekri-Es-Seddiki, qui se prétendait issu en ligne directe de Notre Seigneur, Abou-Bekr-Es-Seddik, et qui avait composé, vers l'année 1222 de l'hégire, plusieurs livres d'enseignement pour les sectateurs de son ordre (1). Ainsi, Sidi-Mahammed-ben-Abderrahman est le novateur qui, le premier, apporta aux populations kabiles la connaissance de la *Voie de la Retraite*.

Toutes ces indications sont précises. Elles ne peuvent laisser subsister aucun doute sur les liens de parenté qui unissent étroitement les ordres religieux musulmans de l'Algérie avec les institutions analogues en vigueur dans les pays orientaux, depuis les premiers temps de l'hégire. Communauté d'idées, de doctrines, de règles, de pratiques; en un mot, identité parfaite. Et rien, en effet, n'est plus facile à saisir que le mouvement qui a amené ces relations intimes entre des contrées géographiquement séparées par de grandes distances. L'unité de croyance a été le moyen naturel de communication et de rapprochement. Il existe entre les pays

____

(1) L'an 1222 de l'hégire correspond à l'année 1807 de notre ère.

musulmans de l'Orient et de l'Occident un courant continu, alimenté sans aucune interruption depuis douze siècles, par la dévotion qui porta annuellement des masses considérables de pélerins au tombeau du fondateur de l'islamisme. Le pélerinage de la Mecque est le lien qui unit l'Occident à l'Orient. De là ce fait remarquable d'une sorte de nationalité religieuse qui, à défaut de nationalité politique, constitue l'unité des peuples musulmans. C'est là un de leurs traits distinctifs, leur caractère propre, pour ainsi dire ; ce qui fait quelquefois leur force, mais plus souvent leur faiblesse.

Les Frères-Unis, les *Khouan,* sont comme l'incarnation vivante de ce phénomène politique. Pour eux, le mot d'ordre est le même aux quatre points cardinaux : Haine et guerre au *Kafer,* c'est-à-dire au sectateur d'une religion autre que le mahométisme, qui est la seule religion vraie, la seule qui doive gouverner le monde. En dehors d'elle point de salut ! Le livre sacré n'admet pas de composition : que l'infidèle courbe la tête sous le joug de la foi, ou qu'il meure ! Tel a été de tout temps l'esprit des sectes musulmanes ; tel il est encore aujourd'hui. En vain les nations civilisées s'efforcent de faire briller aux yeux des disciples de l'islam les bienfaits d'une tolérance éclairée. Leurs enseignements aussi bien que leurs exemples sont perdus. Le mal subsiste, s'étend, s'invétère. Quelles douloureuses réflexions n'inspire pas le désordre moral auquel le monde musulman est en proie, au moment même où nous écrivons ces lignes ! La réaction contre l'influence européenne, c'est-à-dire la révolte des hommes de ténèbres contre les hommes de lumière, de l'esprit de système faux et exclusif contre le sens commun des peuples civilisés, des idées arriérées contre les idées en progrès, se traduit de tous côtés, en soulèvements et en massacres, qui rappellent les âges barbares. Djeddah a été pour l'Europe chrétienne une leçon écrite en lettres de sang.

Et puisse cette leçon n'être pas perdue en Algérie !

Là surtout, l'ennemi est prompt, éveillé, alerte, habile à

profiter des événements. Il voit, il sent, il sait notre force ; qui en doute? Tout concourt à la lui prouver. Mais n'avons-nous pas aussi quelques côtés faibles ? Soyez persuadé qu'il les connaît. Sa tactique est ingénieuse à en tirer parti.

Est-ce à dire qu'un soulèvement armé au nom de l'idée religieuse, une guerre sainte, un *Djihad* soit aujourd'hui à craindre en Algérie? Nous ne le pensons pas. Notre armée a accompli son œuvre magnifique. Le pays est conquis, dominé, soumis. Les émirs et les chérifs ont fait leur temps ; la guenille des Soufis et le bâton noueux des Derkaoua sont un objet de risée ; convaincus désormais de leur impuissance, les associations de Khouan ont mis bas les armes.

Mais si la conquête pour ainsi dire matérielle de l'Algérie est consommée, en peut-on dire autant de la conquête morale? Non ; celle-ci est à peine ébauchée.

C'est sur ce terrain qu'il reste à combattre. Les *frères* unis pour la défense de la foi musulmane, s'y maintiennent encore avec avantage. Ils s'y mesurent avec nous à armes courtoises et ils n'en sont que plus difficiles à vaincre. Le système est celui-ci : donner au vainqueur tout ce qu'on ne pourrait pas sans danger lui refuser ; obéir aux chefs qu'il a investis ; payer exactement l'impôt ; en un mot, faire acte de soumission apparente ; mais en même temps, résister par la force d'inertie à toutes les mesures qui peuvent avoir pour résultat prochain ou éloigné de modifier la constitution islamique ; éviter, le plus qu'on peut, le contact du mécréant ; le détester et le maudire *in petto,* tout en se gardant bien de froisser sa susceptibilité ; conserver sa foi intacte ; ne rien changer à ses mœurs, à ses usages, à ses habitudes ; attendre patiemment de meilleurs jours, qui ne peuvent manquer de venir. Tel est, nous le répétons, le système. Et nous nous servons de ce mot à dessein, car il s'agit ici d'une politique avouée, constante, enseignée dans les Medersas avec beaucoup d'autres subtilités du même genre, qui ne sont guère plus à notre avantage, bien que nous payons assez cher les maîtres chargés de cet enseignement un peu trop musulman. Toutes les personnes versées dans ces matières, comprendront que nous faisons allusion aux règles tracées dans certains livres de jurisprudence fort renommés en Algérie, relativement à la conduite à suivre par les musulmans, dans les diverses situations politiques où ils peuvent se trouver placés, soit qu'ils obéissent à un prince de leur religion, soit que le sort des événements les ait fait passer sous le gouvernement d'un souverain étranger à l'islamisme. Deux appellations significatives servent à caractériser dans le langage des docteurs musulmans ces deux situations différentes. La première est désignée par eux sous le nom de *Dar-el-Islam*, et la seconde sous celui de *Dar-el-H'arb*.

Suivant ces doctrines, la ligne de conduite de nos sujets Algériens leur est nettement tracée. Aussi les voyons-nous, avec toutes les apparences de la plus grande, on peut dire de la plus humble soumission, se montrer, au fond, rebelles à toutes les tentatives de progrès que le gouvernement poursuit avec de si louables efforts. Il ne faut pas chercher ailleurs la cause de l'insuccès, malheureusement trop évident, de la plupart des essais qui ont eu pour but de relever la race arabe de la déchéance morale où elle est tombée, et d'améliorer son état social. C'est une lutte tacite, à l'état latent, pour ainsi dire ; mais c'est bien une lutte, dans laquelle nous n'avons été jusqu'à présent ni les plus forts, ni les plus heureux.

Vaincre cette résistance obstinée ; triompher de cet esprit systématique d'opposition, d'autant plus difficile à combattre, qu'il se dérobe sous des apparences de franche et loyale soumission : voilà ce qui constituera le premier pas fait dans la voie de transformation morale qu'un gouvernement éminemment civilisateur comme le nôtre, se donne pour but de sa mission conquérante.

Or, il y aurait péril à se le dissimuler, les ordres religieux musulmans, tels que nous les voyons encore constitués et organisés en Algérie, sont le plus puissant obstacle que les idées de réforme aient à surmonter. Les chefs des Khouan sont les propagateurs ardents et infatigables des doctrines qui tendent à paralyser nos efforts par une opposition calculée, prenant le plus ordinairement son point d'appui dans la force d'inertie. Et malheureusement, leurs partisans sont partout, dans toutes les conditions, fort de leur nombre, et d'autant plus attachés à leurs erreurs, qu'elles constituent à leurs yeux le droit de la bonne cause. Ce sont là des vérités qu'on ne doit pas se lasser de répéter.

Il est donc permis de croire que ce serait un acte de haute politique et de sage prévoyance administrative que d'attaquer carrément et de front ces doctrines subversives, de mettre un terme à ces aberrations, de réduire à néant l'influence de ces associations toujours hostiles, naguère ardentes à se jeter dans la mêlée, mais plus dangereuses peut-être à l'heure où elles paraissent désarmées. Les demi-mesures sont des palliatifs impuissants. La tolérance deviendrait coupable; compose-t-on avec l'ennemi? Il s'agit, en ceci, d'une question de vie ou de mort pour les jeunes générations musulmanes dont les destinées reposent entre nos mains. Les soustraire dès à présent à cette influence contagieuse, qui menace de corrompre en elles toutes les aspirations saines et généreuses, c'est leur assurer, dans l'avenir, une place qu'elles seront alors dignes d'occuper, au foyer de la famille civilisée.

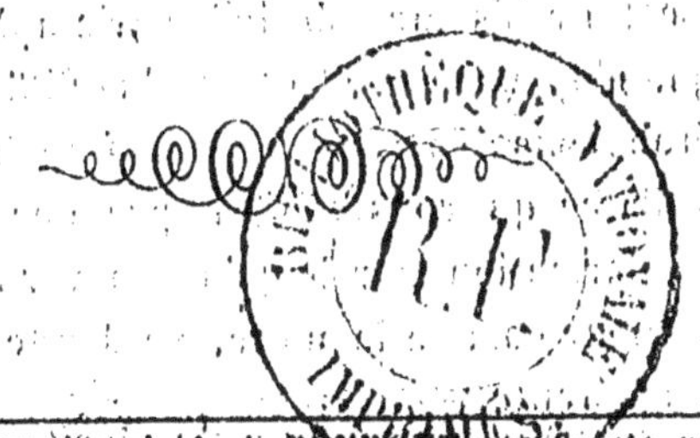

Alger. — Imprimerie de A. BOURGET, rue Sainte, nº 2.